血型小將 ABO

10

RealCrazyMan◎著　　彭玲林、黃子玲◎譯

滿滿的血型

大平台

求生意志強烈，既是理想主義者，也是現實主義者。

有目標時會瞬間衝勁十足，但一旦目標變得模糊，熱情和鬥志會馬上喪失。

重視信念，有群聚的習慣，不喜歡受到他人的冷落。 直言不諱而且很有主見，好勝心強情緒化，但情緒來的快也去的快，不會記仇。 好惡分明，只要是認為對的事情就會堅持不妥協，也容易發生固執己見、態度強硬的狀況。

O 型名人

周渝民、周杰倫、林俊傑、林志玲、蔡依林、張惠妹、張孝全、金城武、陳奕迅、莫文蔚、謝和弦、朴寶劍、小栗旬、北川景子、木村拓哉、妻夫木聰、強尼・戴普、艾瑪・史東

同時擁有 A 型的沉穩和 B 型的善變。

既理智又冷靜，擅長多角度的思考分析，是天生的批評家，敢說別人不愛聽的實話，但絕對中肯。

因為兼具理性與感性，使他們非常善於處理對立的不同意見，是協調高手。規劃與實踐能力都很強，但權力慾望低，不喜愛居於領導地位，容易覺得疲累。 除了工作與必要的活動之外，很少參與人際活動，習慣與他人保持一定的距離，討厭有人侵犯自己的地盤。

AB 型名人

林宥嘉、孫燕姿、彭于晏、古天樂、蔡康永、舒淇、鄭秀文、劉德華、金秀賢、秀智、寶兒、李英愛、玉澤演、相也雅紀、堂本剛、潔西卡・艾芭

作者序

給所有喜愛「血型小將 ABO」的各位台灣讀者們：

走了近十年的血型小將故事，即將在這裡畫下句點。

過去我把周遭朋友的故事畫成漫畫，因此開展了血型小將全系列，也託此之福，我才有機會推出單行本與各位台灣讀者見面。

不知道各位是不是多多少少被血型小將的漫畫給逗笑了呢？能讓讀者感到開心，就是我最大的榮幸和快樂。

希望未來有機會帶著其他漫畫作品與台灣讀者見面，祝各位身體健康，永遠幸福。

衷心感謝
2017.5.10 濟州島 朴東宣

目次

Part

3 關於血型 ABO

About ABO

SP 神鬼小將 120

Part

血型之間的友情

About Friendship

朋友聚餐（男孩篇）

A型是屬於——

善用大眾運輸的資訊，一分不差地把握離開的時機。

B型則是——

已經搭上公車了。

AB型則是若無其事地告訴其他人自己到家了。

O型跟其他人混得很好，

結果嗨到天亮，搭首班車回家。

② 朋友聚餐（女孩篇）

A型會——

認真搜尋附近的美食店，

並欣然接受公司同事的稱讚。

B型在聚餐場合很快就跟其他人變得熟稔。

AB型可以跟其他人處得很好，

但一旦到了設定的時間，

就會通知朋友要回家了。

O型會留下來玩到天亮，然後搭首班車回家。

3 口頭約定

整個週末都在等對方的聯絡。

結果卻落空了。

B型

22

完全不記得對方說過的話。

O型

O型重視交情與人際關係，會有隨便亂跟別人訂約的傾向。

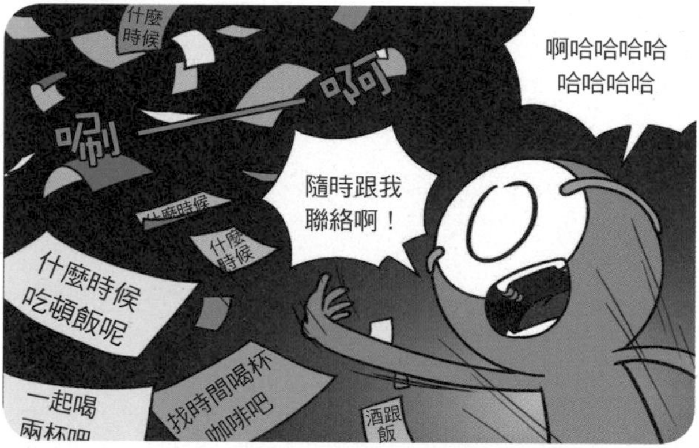

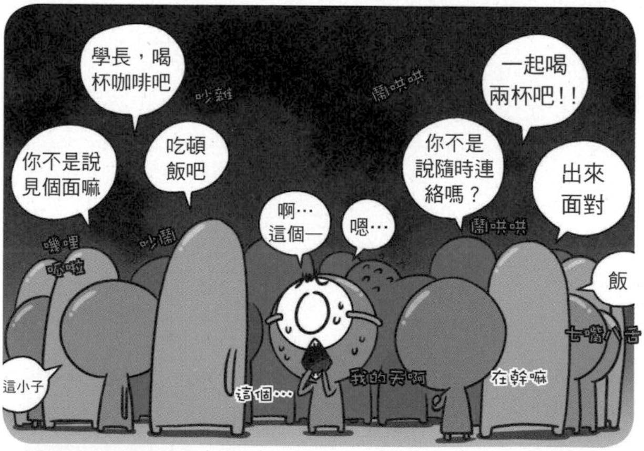

運氣不好的話，就可能變成這個樣子……

4 畢業典禮

感性爆發的A型準備了誠心誠意的離別信。

B型

畢業典禮不過是無數日子中的一天，是個普通日常。

O型

很熱心地拉攏情感、訂定聯誼聚會。

我會以血型小將的名義，開一個粉絲團

你們一定要加入喔！一定喔！一定！

一天要發表一篇文章喔！

還是負責聯誼嘛

很開心嘛真開心

知道了

那麼，就趁此機會，我們來訂個定期的聚會吧？

就每個月的第三個星期六見面吧！

那個…我會想想看

很麻煩耶…

哎喲

怎麼樣？可以吧？

30

一直到畢業的那天，都在扮演指責的角色。

Part

2

血型眼中的愛情

about love

5 說謊測試

說謊的時候，拉拉雜雜的說了一堆莫名其妙的鬼話。

完全沒在看對方臉色，理所當然的四兩撥千金。

由於好勝心強烈，剛開始態度強硬。

可是，馬上就因為露出馬腳而被逆轉情勢。

雖然努力地想以智慧的方法解決情況，

但是女性的第六感真的很可怕。

 暗戀心事

改編自K君所提供的故事而成。

K小姐有兩位好友，分別是A型與O型。

那二位朋友喜歡上同一個男生，經常找K小姐聊心事。

A型的暗戀心事是——

就算我
告白…

也不保證他
就會接受…

唉～

啊…
又在跟其他
女生說話了

該不會是
喜歡那個女生
吧…？

我輸了

O 型的暗戀心事是──

雖然也像 A 型那樣的坐立難安，卻漸漸從興奮轉成憤怒的狀態。

為了表達關心，會故意找話說，或者肢體接觸。

聽這兩位朋友的暗戀心事大概過了一個月後，

O型表達了憤怒式告白。

而A型陷入失望感與不安感之中。

過了好一陣子，才很小心的告白。

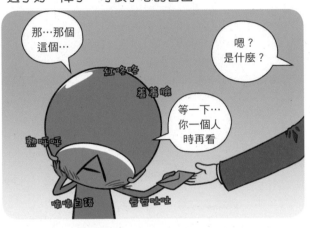

可是最後，兩個人都失敗了。

B型男友

改編Y君提供的故事而成。

B型的特徵就是——

活在當下，隨時忠於自己的感情。

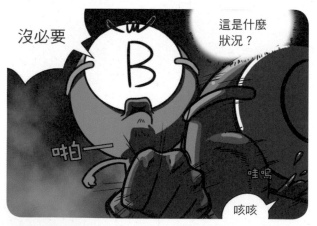

善變1.0

就算是事先計畫好的旅行，

當天也是說變就變。

善變2.0

一下這樣一下那樣，令人困擾。

其實 B 型跟貓很像。

總是隨心所欲、自顧自地玩⋯⋯

關於血型 ABO

About ABO

8 AB型X8

改編自K君所提供的故事而成。

高中時期，很偶然地發現，

終於我也成了如花般的高中女生了！

要來開展我粉紅色的少女時代了！

咯咯咯咯

座位的左和右、

你是AB型？

你也是？

……

你還在問血型嗎？

我不是正在看書嗎？

前與後、

甚至兩邊對角線都坐著AB型！

O 型有著特殊的領袖氣質，

雖然想要好好領導同學們，

但是AB型卻是自顧自的，各做各的事。

雖然常常因為這種事情而鬧脾氣，

但O型若是鬧脾氣，AB型朋友就會用吃的來安慰他。

那個時候雖然被餵食增胖許多，但到目前為止，
大家還是一直保持聯絡喔！

⑨ ＯＡ好朋友

O型小姐與A型小姐是好朋友，雖然認識很久，但還是有些不自在的地方……

A型

🩸 在餐廳要求幫忙吃飯時

🔵 走在路上碰到朋友時

遭到遺忘而默默離開的Ａ型小姐。

新夥伴登場

改編自Ｈ君所提供的故事而成。

有一種人像是A型與O型的混合體。

他們就是──@型！

與A型相比的話

@型不像A型，他們是氣氛製造者。

領導能力比A型出眾。

不過，雖是A型，卻像O型那樣的冒冒失失。

也不像A型謹慎，他們屬於衝動型。

🌢 跟O型相比的話

@型收拾整理的能力比O型傑出。

在需要細心的工作上，比O型更能嶄露頭角。

但是，@型雖然是O型，卻太過在意他人的臉色。

還有個很會記仇的特徵……

11 避暑妙方

耐力驚人，能忍人所不能忍。

總以別出心裁的方式避暑。

O型 以先進科技將暑氣賣給周遭的人。

用怪談戰勝暑氣。

12 投資情報

理性的A型傾向於負面思考，不會過於樂觀與相信。

甚至考慮到最壞的狀況。

對於投資看得相當慎重，絕不輕易出手。

B型

B型基本上不太理會別人的話，即使是萬無一失的投資也吸引不了他。

O型耳根子軟，很容易受人影響也樂於影響他人。

AB型不意外的是一針見血、邏輯清晰的批評型。

⑬ 實習老師

A 型不擅於表達感情，於是保持距離，遠遠觀看。

自由自在的 B 型把實習老師當成朋友一般對待。

組成實習老師的粉絲俱樂部，彼此競爭。

AB型是指（ㄓˇ）導（ㄕㄜˊ）他人的達人。

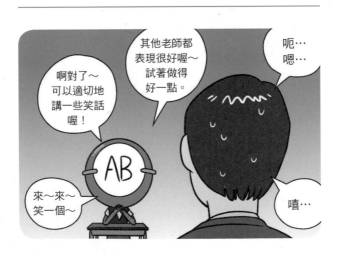

14 幼稚園小將

💧 在幼稚園裡，被其他小孩給弄哭的話？

縱使老師問話，也止不住哭泣

只要問對問題，馬上就指出犯人。

一邊流著眼淚，一邊大口吐氣。

還一邊憤怒地盯著弄哭自己的那個小孩。

O型

雖然想要說明原委，但是滿腔的委屈，讓他只能
嘰哩呱啦的說著讓人聽不懂的話語。

AB型

雖然在老師面前說「沒關係」，

內心卻是不斷翻騰，計畫著復仇。

🝔 這個世界的開始是什麼呢？

 很認真地思考問題。

不怎麼關心。

一開始時，跟A型一樣，很認真地思考。

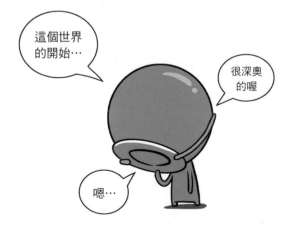

結果卻創造出自己的故事，講給老師聽。

一聽到問題，

就「唰一」的開始說明自己所知道的事實。

⑮ 讀者故事

以下出現的血型可用任意的血型替代。

如果檢視到目前為止提供故事的讀者類型的話，

第一，擊鼓申冤型

主要是提供自己的委屈事項的人。

其中有許多素材是有關朋友關係的。

第二，姻緣媒合型

很多人想要尋求戀愛諮商，但我不太擅長啊！

第三，追根究柢型

第四，威脅恐嚇型

第五，家族秘辛型

後來得知，由於是非常稀有的血型，所以，雖然機率非常小，但是也有可能生出那種血型的子女。

呼～

差點就
大事不妙了

不然的話，也有可能
就只是弄錯血型…

16 全民刮刮樂

改編自台灣讀者黑喵妹所提供的故事。

A型

A型人會先問明白各張彩券中獎率高低再下手。

> 歡迎光臨！

> 還沒有刮出大獎的刮刮樂有哪些？

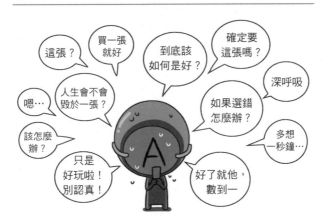

> 這張？

> 買一張就好

> 到底該如何是好？

> 確定要這張嗎？

> 嗯…

> 人生會不會毀於一張？

> 如果選錯怎麼辦？

> 深呼吸

> 該怎麼辦？

> 多想一秒鐘…

> 只是好玩啦！別認真！

> 好了就他，數到一

大部分的A型人買過一次就會放棄，就算中了也會適時打住，是見好就收的慎重派。

B型人是天生賭客，熱愛買彩券。

可惜的是，沒什麼偏財運。

O型人很吝嗇，不會花大錢買彩券。

就算中獎也是很快收手的容易滿足型。

AB型人不知道為什麼，完全是——

偏財運超強的獎金收集器！

每次都會中大獎。

SP神鬼小將

你…你到底是在共三小朋友？！

暴怒

該死的野豬一直追，差點害死我好嗎？！我是受害人欸！為什麼還要被當成小偷啊！真可悲！

嗯…好像有道理。

我是受害者耶！

那

一人一半？

蛤？！

AB

啃…用生命換來這個，真是要我的命…

再來喔～

AB

又不是真的死了，對吧？

對了

那你沒有跟打獵團的話，要不要跟我一起？

嗯？

你是風兒我是沙，合體多好啊！一起去打獵嘛～～

我比較喜歡自己打獵，謝謝…

嗯？什麼？

鬧哄哄

七嘴八舌

哇！有這種事！

原來？

What?!

懸賞
公主被大魔王綁走了，把公主救回來的勇士可以獲得黃金五百兩！

怎麼會這樣

真可怕

就是說啊

嗚哇～看到了吼？獎金超多耶～搞定這票就爽了！這是我們成軍以來第一件任務喔！

一起嘛～

衝一波～

就說沒有要跟你一起…

要變有錢了！說不定還可以跟公主結婚，扭轉人生！人生勝利組就是我～嘿嘿！

我就說不要去了！

這任務危險重重，兩位勇士還肯前來相助，朕真是銘感五內。

大魔王可不是等閒之輩，他率領一票蠻橫無理的大將擄走了公主…

哇哈哈哈哈一

蝦咪…太衝動了。

據說只要和他那著火般的眼對到，就會一輩子受惡夢折磨…

想到年紀這麼小的公主會有多害怕，我就想哭…

看來國王真是「孝女」呢

喂！

哎哎

不要胡說你不要想不開！

噗！

嗚！！

啊～我們這邊也叫了幾個人，順便幫忙帶路。

嗯？

站定

我們城中最強的騎士團團長也會與兩位同行。

我們定會打敗大魔王，救回公主！

這傢伙只是個小偷，但帶他去應該也有點用處。

放開我！你們這些蠢材！

好麻煩啊！真是的～

朕相信你們，請務必把公主救回來。

是！您不必擔心～

臣等定不負所望，陛下！

少臭美了…

嗚…

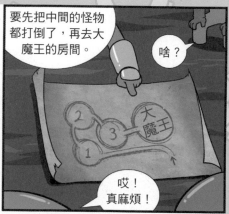

要先把中間的怪物都打倒了，再去大魔王的房間。

啥？

來，接下來要做什麼呢？

哎！真麻煩！

第一個魔王是鋼鐵怪物

第二個魔王是劊子手

第三關的魔王是瘋狂三頭犬

都好可怕啊！

我們要一一把牠們擊退才行！

唉呀～你們這些蠢材～

沒事幹嘛繞遠路啊？

嘖—嘖—

從這裡穿過去不就到了？

公主殿下！

您沒事真是太好了！

誰？

什麼嘛…

壞死了～

我被綁架都多久了，居然現在才來救！

但是，大魔王呢？

牠一直犯賤，所以我就教訓了一下牠…

那是什麼鬼公主…

趕快把她帶走！

我怕

把木狂戰士吧！

靠…
這太狂了！

跟她爸長得
好像呢…

公主殿下
果真是天下
無敵呢！

嚇死
寶寶了

撑
挫挫

是說，剛剛
有人跟我求婚
嗎？
我好像聽到什
麼「公主」
「結婚」
之類的話呢！

他說的！

也可是對公主
一見鐘心的
純情男啊！

啥！

亂講！！

恭喜

我看看～嗯，
滿有魄力的～
長得滿可
愛的呢！

錯可是
鬧婚呢！

呃～～！

要趕快請求
父王答應
才行

快走吧！

啊啊！

……

哇！
恭喜
老爺～

人家
不要

In the End

還會以血型小將回歸嗎？

以血型小將為題的漫畫，這一集將是最終回。

2004年12月20日第一次畫的血型漫畫

A型、B型、O型、AB型
坐在一起用餐。

AB型飯吃了一半，就突然站起來，跑出去了

草稿

好奇的O型跟著追了出去。

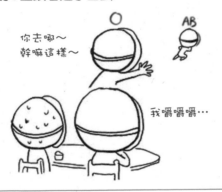

留下來的A型小心地問B型。

血型漫畫畫了十年了，從某個時候開始，覺得應該要有所變化。這期間人物形體也變了很多。

也累積了許多血型朋友的知識。

Q 曾經收過惡評嗎？
那個時候的心情如何呢？

六、七年前，曾經暫時在S報社網站免費連載過

當時曾有人不斷的留下「助長國民分裂的垃圾作家」的攻擊性留言，

到現在都還記得那個留言，如此看來，那個人的文章功力了得

日後的計畫呢？

大概會先沉澱一下心情

接著好像也得想想下一個作品吧？

有人問我，下一次的漫畫是否會是跟星座、生肖有關。不過，我不想畫那方面的內容。

我是畫過跟星座相關的外包案件…

奇怪，現在反而更悽慘的樣子

唯一的固定收入就是連載的稿費…

有種空虛的感覺

冷…冷啊

最後想說的話？

想對我們當家的太太說謝謝。在我沒有工作時並沒有跟我分手，甚至還跟我結婚……

只是覺得你很可憐，所以跟你見面，

看你哭哭啼啼的樣子很可憐，所以跟你結婚。

好吧，就走向那一步吧！！

故事想不出來時，給予很大的協助，其實，大概
有五篇的內容是太太寫的故事。

感謝韓國網路漫畫平台的負責人提供連載的機會。雖然遵守截稿時間的次數好像屈指可數，負責人好像因為這樣老了許多呢！

我沒有正式學過漫畫，十年前由於興趣而開始的事情，現在竟然變成職業了。這期間托各位的福，我過得很幸福。

雖然不知道何時會以何種漫畫的形式再跟各位見面，但是直到下次再見面之前，祝福各位健康、幸福。

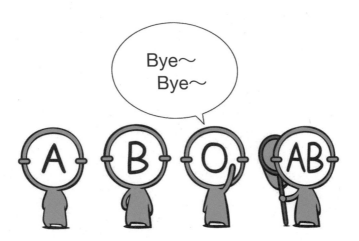

感謝一直愛護著血型小將的大家。

FAZ0360

作　者
RealCrazyMan（朴東宣）

譯　者
彭玲林（O）、黃子玲（O）

主　編　　林巧涵（O）　　版面設計　亞樂設計
美術設計　溫國群（A）　　董 事 長　趙政岷（O）
內文排版　黃雅藍（B）
執行企劃　曾睦涵（O）

出版者
時報文化出版企業股份有限公司
108019台北市和平西路三段240號七樓
發行專線　（02) 2306-6842
讀者服務專線　0800-231-705（02) 2304-7103
讀者服務傳真　（02) 2304-6858
郵撥　1934-4724時報文化出版公司
信箱　10899臺北華江橋郵局第99信箱

時報悅讀網　www.readingtimes.com.tw
電子郵件信箱　ctliving@readingtimes.com.tw
血型小將臉書　http://www.facebook.com/BloodTypeABO
法律顧問　理律法律事務所　陳長文律師、李念祖律師
印刷　和楹印刷有限公司
初版一刷　2017年7月7日
初版四刷　2024年2月21日
定價　新台幣220元
（缺頁或破損的書，請寄回更換）

時報文化出版公司成立於一九七五年，
並於一九九九年股票上櫃公開發行，於二〇〇八年脫離中時集團
非屬旺中，以「尊重智慧與創意的文化事業」為信念。
ISBN 978-957-13-7053-8
Printed in Taiwan

血型小將ABO / 朴東宣作；彭玲林譯. -- 初版.
-- 臺北市：時報文化，2017.07-
ISBN 978-957-13-7053-8(第10冊：平裝)

1. 血型　2. 漫畫

293.6　　　　　　　　　　106002610

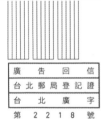

廣	告		回	信
台 北 郵 局 登 記 證				
台	北		廣	字
第	2 2	1 8		號

時報文化出版股份有限公司

10803 台北市萬華區和平西路三段240號7樓

小時光編輯線 收

閱讀小時光

感謝您購買血型小將 ABO，為提供更好的服務並推薦適合您的書籍，請撥冗回答下列問題，並將回函寄回（免貼郵票），時報出版感謝您的支持與愛護。

姓名：＿＿＿＿＿＿＿＿　□ 先生　　□ 小姐　年齡：＿＿＿＿＿＿＿＿＿＿

聯絡電話：（日）＿＿＿＿＿＿＿＿＿＿（夜）＿＿＿＿＿＿＿＿＿＿

通訊地址：□□□＿＿＿＿＿＿＿＿＿＿＿＿＿＿＿＿＿＿＿＿＿

E-mail：＿＿＿＿＿＿＿＿＿＿＿＿＿＿＿＿＿＿＿＿＿＿＿＿
（請務必完整填寫、字跡工整）

學歷：□國中以下　□高中　□專科　□大學　□研究所　□其他
職稱：□學生　　　□家管　□自由工作者　□一般職員　□中高階主管
　　　□經營者　　□其他＿＿＿＿＿＿＿＿

＊您喜歡的閱讀類別？（可複選）
□文學小說　□心靈勵志　□行銷商管　□藝術設計　□生活風格
□旅遊　　　□食譜　　　□其他＿＿＿＿＿＿＿＿

＊請問您如何得知血型小將 ABO？（可複選）
□書店文宣　□朋友介紹　□臉書連結
□媒體介紹（□網路　□報紙　□雜誌　□其他＿＿＿＿）
□其他＿＿＿＿＿＿＿＿＿＿＿＿＿＿＿＿＿＿＿

＊請問這是您第一本《血型小將 ABO》嗎？
□是，第一次購買。　□否，已經購買＿＿＿本了。

＊請問您喜愛本書的原因是？（可複選）
□工作或生活所需　□主題有趣　□親友推薦　□封面吸睛
□贈品吸引人　　　□其他＿＿＿＿＿＿＿＿

＊接下來將陸續推出血型小將周邊商品，請問您希望我們推出哪些商品呢？（可複選）
□書寫用具（鉛筆、原子筆、鋼筆、橡皮擦、修正袋、＿＿＿＿＿＿＿＿）
□紙製品（手帳、筆記本、便條紙、卡片、貼紙、＿＿＿＿＿＿＿＿）
□生活用品（毛巾、手帕、收納盒、環保袋、＿＿＿＿＿＿＿＿）
□餐廚用品（馬克杯、刀叉碗盤、杯墊、環保餐具、＿＿＿＿＿＿＿＿）
□其他好點子＿＿＿＿＿＿＿＿＿＿＿＿＿＿＿＿＿＿＿＿＿

感謝您這麼喜愛血型小將 ABO，祝福您天天都跟小將一樣開心！